Слика на корицама:
Клод Лорен „Одисејево укрцавање"

Милисав Миленковић

ОДИСЕЈ СЕ НИЈЕ ВРАТИО

ПРОСВЕТА,
2014.

УМЕСТО ПРОЛОГА

(НЕ)ЗАКАСНЕЛА ПРОГРАМСКА ПЕСМА

Узвикнем: генерацијо
А одјек закаснио се врати
Српска нацијо
Узалуд поглед уназад лута
Виде се рушевине назиру преврати
Памћења су нам расута
Слична мозаику обмана и хтења

Скелетима јунака и идеала
Беху и јесу истинита
Само шкргут маса и млада врења
И само до часа отелотворења
А потом потонула и скрита
Као мртво срце мале птице
Запевале у зору
Следећ звезде невиделице

Кад су градили
Стубове поноса уздизали
Да л' су на бетону и гвожђу штедели
Ил' као мајстори нису вредели
Тек мостови наде у будуће време
Срушише се као претешко бреме

Испод извијене дуге док ћути покољење
И оно што су хтели
Скљока се у каљугу ноћних мора
Које су плели
Несташни и клонули револуционари
Ал' они више лукави но мудри
Само рекоше
Нек пропада шта то нама мари
А можда их порекло
Сиротиња крхко наслеђе ода
Тек прворођено дете
Саплете се на првом кораку
Не прохода

Узалуд сањани предели спокоја
И љубављу непокорни мраку
Стајаху непрекидно
На обали са које се то будуће
Сунце никад не појави
И уместо узлета овлада клонуће

Сад сумњамо и у смисао учења
Науку о животу нисмо ни срицали
Више смо веровали
Него што смо знали
Седокосе учитеље
Гледамо немо
Немамо снаге за презрење
Више им праштамо
За њихове и наше заблуде
Превремене

Само се питам
Ал' сад одјек занеми
Јесмо ли заиста
Били одлични ђаци
Које су завели неуки учитељи
Ил' смо на лажи
Као и они
Хтели и насели

Касно је да будем Доситеј
Који се теши или жуди
Па пева „Востани Сербие...
    Србље возбуди"

Нећу ни снове ни лажи
Нећу учења тамна
Кад немаш другог
Ти себе самог потражи
Буди самоук
Који се собом снажи
Презри оне који те воде
И следи усамљен
Свој пут у живот
И до слободе

3. децембар 2013.
Пожаревац

СРПСКА ТУГОВАНКА

Срби оглувеше
Не чују пуцње
Ни топовску канонаду
Свеједно на солунском или
Сремском фронту
Ни хитац Гаврила Принципа
Ни плач Стојанке
Мајке Кнежпољке

Срби обневидеше
Не виде разапето платно
Сеобе Србаља
Ни пламен узавнео
На Косово пољу
Не виде
Посечене главе
Српских кнезова
Ни колону ратника и сељака
Побуњених против дахија
Турских и германских

Сада је тамна мрља
И висока нема опна
На небеском плаветнилу
Оном чему наивни Србљи
И у бољем и у горем
Вековима теже
Сад је то чујно поље
И видик заробљен очајем

Еј Срби
Оглувели и обневидели
Синовима и кћерима
Дарујте видовитост
Да премосте бунаре очевих
Заблуда лажи клонућа
Можда ће угледати време
Пре зла мржње обмана
Време сопствене моћи
Сна и наде

Нисте ваљда све генерацијама
Затровали
Ни тугованку ову
Им затомили
Дечјим сузама
Очи своје извидајте
И њихов плач
Нек вам у слуху пролиста

13. фебруар 2014.
Мало Црниће

ОДИСЕЈ СЕ НИЈЕ ВРАТИО

ИСПОВЕСТ ОДИСЕЈА

I

Враћам се лажном сјају жељеном двора
Уморан од сулудог лутања и туге
Нема више места у души за гневна мора
Замрла су једра спутале ме робовске полуге

Смрт ме чека као куршум расуте тице
Пред капијама већ видим пропете стреле
И сина што ме чека оком криомице
Стрепим да су вилице жртву му преотеле

Смем ли да застанем пред тајном склопа
У коме време прождире и љубав воћну
А доба и кише диче ти се ликом о Пенелопа

И смем ли да зађем у таму црвоточну
Кад плиме су сишле и стишале наду
А ја проклет дарујем кавгу и заваду

II

Запевај Хомеру поезију херојску
Презри звери љубави и умилне лире звек
О ја жудим лаж да чујем и реч еолску
У којој једино јунаци бесмо за навек

Поезијом је изагнај из душе ми рањене
Тугом ратника да не трује лобању да не краде
Не дај да клетве доји преурањене
Изговорене сред осаме и пучина без ограде

Не оклевај слепи песниче видовитог подземља
Уместо тебе могу да проговоре стреле крвожедне
Слутим да задавиће ме тамнија поднебља

Омамиће ме лиснате руке и усне чедне
Ћути Хомеру веран лири златне жице
У поноћ пред Пенелопом пашћу ничице

III

Она је најпогубнија бољка мојих ноћи
Тајно име изговорено у врту биља
Неименована снага свих немоћи
Тајанство лажи и лаж преобиља

Она је осмишљена варка живота
Вито ребро поломљеног тела
Птица излетела изван смртног гротла
Биљка стасала па ненадно увела

Она ме отвара кључевима клетве и песме
Преображава лишћем сна и тиче веном
Раном је плоднија када се не сме

Она жртву преображава нужним пленом
Она сред олтара јеца молитву ропства
О Пенелопа заувек су окови неспокојства

IV

Мени су се догодиле све клетве и претње
Крв ми испод ноктију спира незаслужене грехе
Голубови облећу око главе као муње летње
Тек иза бљеска назирем неминовне претке

Нерањив срљам у омаму космичког пића
Сулуде анђеле изазивам историјским гневом
Иако нисам од оних милогласних тића
Ја луталица једино умем да пркосим певом

О нек спласну ридајуће струне и усне
Занеми стабло гласног извора страха
Слутим да се око главе ореол већ гусне

О нек мину мора непокорна и плаха
Враћам се извеснм времену љубави и потопа
Уместо живота дишем... о Пенелопа

V

Космос је створен да може рањене да прими
Изван њега узалуд се отварају двери
Принуђен да мојим животом неминовно живи
Одриче се љубави и мржње племенитих звери

Патња је мој пут до циља тајне и смрт
Сем мене нико те волети не уме
О ми смо истовремено рођени и у врт
Сме да зађе онај који животом труне

У сну ме мајка доји млеком и трује
У грлу ми певачком и на морској струни
Галије насукане а у души будне гује

Па ти кажем из присоја: куни ме куни
Ја ти љубав дајем са клетвеног трона
Умри о Пенелопа једино у смрти Одисеју склона

ПЕНЕЛОПА

Девет ноћи очима вечност завараваш
Девет мора дојкама онеспокојаваш
Девет ветрова косама ми у једра наливаш
Девет зора у пупољцима ноћи расцветаваш
Девет година оплођени снови црним морима нам теку
О Пенелопа
Верна понорницо слутње не измужене
Девет је пожара у души запаљеној потонуло
Девет је ружа рана по пустим ребрима процвало
Девет је зелених сафира у крви олистало
Девет је година даљинама из мене ишчупано
О Пенелопа
Верна немани сумње пробдивене

ПЕНЕЛОПИН ДАР

I

У сумрак умиру сунца и богови светла
Слични биљу невином и анђелима у сенци
У сумрак боје туге навиру из процепа тла
Радују се надни лепи као летњи греси

На пропланку морске ноћи ветар се огласи
Под кожом јој као под облаком сланих суза
Потеку давни потоци загорчају млади ораси
Пучином тишина млеком испира очи и рану муза

Пенелопа свадбени дар на ломачу полаже
Венчаном хаљином загрли невесту на небу
Одисеја слути како се преко облака слаже

А лик му се као восак и мед топи на хлебу
У руци му звер кротка и олуја жарног замаха
Рањен је болом бодежа полетелим од Телемаха

II

Протиче век сав у грчу и пени
Стишани жар невесте и дечији плач
Тону клетве у горкој опомени
Женска је суза њему и лек и врач

Преко кућног прага веје пустош снега
У постељи згасли жар неутешно трне
Суши се погача сна умешена од једа
Тамне су и оку Одисеја клетве црне

Пенелопа на преслици од времена злата
И бесаних ноћи предиво пољубаца преде
На разбоју и по ткаљи иње већ се хвата

Пенелопа дарове износи пред сватове бледе
Свилопреља чемер душе врт чула злато бола
Полаже у недра родну колевку неспокоја

фебруар-март 2000.
Београд

ОДИСЕЈ СЕ НЕЋЕ ВРАТИТИ

И видех
Итака-краљевство моје
У пламену мржње сагорева
Винограде и маслињаке
Комшије једни другима
Ватром клетвом
Секирама и другим хладним оружјем
Затиру у корену
Вино из бачви просипају
И опојне реке теку улицама и пољима
Сву рибу потроваше
Или праћкама изловише
Глад и болести
Размењују за гашење осмеха
И потомства

Ено већ су и на жене децу и старце
Обневидели насрнули

Не могу да им довикнем
Не могу да их одвратим
Еј браћо Грци

Ви од овог и оног света
Застаните
Своје дворове из уста аждаје
Не можете избавити
Ни стоку чељад и гробове
Сачувати
Ако крв своју не укротите
И милост једни другима
Као узглавља
Не прострете

Мала и нејака је
Земља и моја и ваша
Да просуто зло
Као змијски отров
Као лаву вулканску
Може на један оброк
За ово помахнитало време
Да прогута
А да се не задави

Сунце самртно залази
На Западу и тоне
Да се не поврати
Да не засветли сутрашњом надом
Ни топлином
Да вас огреје браћо Грци
Потомци богова да останете

Окрените се оном
Што светли у вама
Те Зевса скините са престола

Одакле господари
Обећавши краљевску круну
Сваком од вас
Ако победи ако буде најјачи
Ако буде најбољи са стрелом и мачем

Излагао вас је
Да њега не рањавате сумњама
Отровним

Да није Бог који може све што науми

9. децембар 2013.
Пожаревац

ТЕЛЕМАХ

Још се сунце
Не беше појавило на истоку
А Телемах узјахавши коња
Запе лук и удену стрелу
Те са лаким топузом
Стаде на градске капије
Загледан у мирно Јонско море
И кишама и ветром
Шибане рушне зидине

У подрумима му
Амфоре пуне
Ужеглог маслиновог уља
И прокислог вина
У зидовима урне са пепелом
Одисејевих предака
Које он презре
И прокле
Као недостојне власти
Коју су вршили
И фамилије којој припадаше

Оче рече Телемах
Не враћај се
Наша сећања
Су затрављена заборавом
Ни лик ти не памтимо
Нити ћеш ти нас препознати

Не рањава ме
Синовљева туга за тобом
А твоја одела
И одличја
Смо разделили сиротињи
Сво оружје покрадоше
Пенелопини просиоци

Сад смо и гладни
И уплашени
Али теби се не надамо
Нити те очекујемо

Јесам сам Телемах
Син и отац свој

16. јануар 2014.

ОДИСЕЈУ
ПОРУКА ПАЛОГ КОПЉОНОСЦА

Ратници падају
Али јунаци живе
Сад више нема ко
На то да нас опомиње
Хомер већ ослепео и изнемогао
Зађе у подземно царство
Ако оно
Није његова последња лаж

Само знам
Мртви су штитоносци
Војници су се
Међусобно истребили
Нема више ни барјактара
Ни лучоноша

Нестадоше и они
Што у пехарима
Опојна вина испијаше
Сад су и народ
И морепловци
Они што пристигоше
Кад ти оде

Само су ветар и море
Непромењени
Али се они другим једрима
Покоравају
Носећи их у њихову вечност
Далеко од твоје

16. јануар 2014.

ОДИСЕЈУ
ПОРУКА ПРВОГ ДВОРЈАНИНА

Мили Краљу
Господару наш
Срећан сам што си недостижан
Да тужаљку моју не можеш да чујеш
Још више би туга
Тобом овладала

А ни за чим
Више немаш да тужиш
Престо ти оскрнављен
И срушен
Круна твоја краљевска
Рђом нагрижена
Труне под таласима
Неверним
Кроз двор ти
Ветар хуји
И немани у њему
Ноћивају

Остани тамо где јеси
Своје луде жеље укроти

Буди сад
И заувек окренут
Леђима
Према нама

17. јануар 2014.

ОДИСЕЈУ
ПОРУКА КОМОРНИКА

И своју постељу заборави
Као што тебе заборавише

Већ охлађену
Освојише је
Змије и гуштери
Док над њима
Кроз проваљену таваницу
Улећу громови
И муње се легу

Све су браве
Проваљене
Бургијама зла и зависти
Врата ветровима
Разнета
А на узглављу
Разлистава се маховина

Горак је заборав
На тебе господару
Али горче је

Слепило моје
Којим себе обраних
Да не гледам
Да не видим
Твој недолазак

28. јануар 2014.

ОДИСЕЈУ ПОРУКА ОД СИРЕНА

Доћи ћеш
Брижном ивицом таласа
Бридом
Између копна и мора
Сачекаће те
Свилена простирка месечине
Обрубљена бисерима
Морских узлета

Поћи ћемо
У винограде
Да беремо мирисно грожђе
Понеку звезду
Босим ногама да их муљамо
У храстовим кацама
Оцеђујемо бело вино сунца
И љубави

Неће нас
Спречити слани ветрови
Док излећу
Из белих једара

И лађа
Док плове
Носећи товаре оружја
И ратника

Неће нас уђуткати
Песма Хомерова
Која те мами у окове
Земаљске

фебруар 2014.

ОДИСЕЈ СЕ НИЈЕ ВРАТИО

Нећу на згариште
Ни у задах и дим
Над попаљеним краљевством мојим

Нећу да гледам
Здепастог
Сина трбушастог Телемаха
Великашима како се удвара
И распродаје ми
Оно мало преостале творевине
Тргује златним и сребрним
Кашикама и ножевима
Дарујући пастире и коњовоце
Не би ли покорност од њих
Измолио

Нећу ни Пенелопи да се надам
Превремено потонулој
У омаму и сласт
Владавине без краља

Нећу и нисам се вратио
Да потонем и ја у власт јело и пиће
У већ охлађену постељу брачну
Милије ми је да нећу
Него да хоћу
И да се непрекидно напајам
Лажном надом
Да ће се повратити она Хераклитова река
На чијој обали ме Хомер лаже
Песмом и љубављу да ме очекују

Напуштам заувек таласе
Варљивог мора Јонског
И полазим за стадом
Већ далеко одмаклим ка врху
Брежуљкасте заравни
Где се вечни мрак спрема
Само се надам
Неће ли се обрести крвожедни вукови
А ваздух неће одисати
Смрадом и пепелом
Издајом и лицемерним осмехом сина
Као ни јаловим загрљајем
Давно извикане Пенелопе

Лојалне и разборите поданике
Поплавише тамни таласи злотвора

9. децембар 2013.
Пожаревац

ОДИСЕЈУ
ПОРУКА НАРОДА

Краљ више ниси
Ни себи ни нама
Без круне
Ниси човек коме смо се
Клањали
Штовали те

Живели смо
Теби на радост
Да имаш киме да владаш
Гинули наши преци
Теби за славу

Сад нам је и заклетва празна
Не можемо да узвикнемо
За Одисеја и отаџбину
Више замуцкујемо
Кад химну певамо
Него што кличемо

Боље је и за нас
И за тебе

Да те макар
Овако несигурни
И у шугавом памћењу помињемо
Него да се осакаћени
Сретнемо
Кријући очи и чела
Ми од тебе
Ти од нас

13. фебруар 2014.

ОДИСЕЈ
САМ СА СОБОМ – У СНУ

Осетих мирис ваздуха јонског
Умих се водом горског потока
Кушах мед из мога кованлука
Смокве датуле наранџе лимуне
Из моје оранжерије
Узнесоше ме укуси
И додири по кожи

А тек кад ме сунце ожари
Месец помилова по младој коси
Ја застах запањен
Пољубих темеље срушене палате
Ластавицу угледах
Како облак пресреће
И зарања страст летења
У њему

Бех онај пре себе
Тек рођен и окупан
Мајчином сузом стрепње

Али већ одмакнух
Широким пољем власти
И вид ми се помути
А снага ојача
Да могу сваког поданика
Да надвладам
И потчиним

Забодох копље у кречну стену
Мач бацих у зелену траву
А штит са сидром поринух
У море мржње
Проклињући себе
И своју неумерену глад
Да поданике
Вијам завојитим серпентинама
Искушења

Згранух се кад угледах
Попаљене горе иза себе
Попљувано море
Са разваљеним чамцем у њему
Зле веслаче
Све подављене
Из обести
На пиру угошћених пријатеља

Ено колона долази
Оних што се прозлише
Из зависти због владалачке милости
Побеснеше сити
Што гладних нема више

Зајаукаше здрави
Због неистребљених болних
Небо се наоблачи
Дан леп и летњи у олујни се претвори

Ја видех надиру безумници
Јалово се време иза мене ваља

12. фебруар 2014.

ГОСПОДЕ НЕ ИГРАЈ СЕ

„О Боже, Боже, сети се
Свих обећања блиставих
Што си их мени задао..."

Тин Ујевић:
Свакидашња јадиковка

У НЕБЕСКОМ КАФЕУ

Уђох у небески кафе
И са неизбежном Римом
Почесмо да сричемо
Звездану судбину
Из месечеве тепсије

– Желим сунцем окупан дан
Да није оивичен олујом
Нити по неким громом

Кажем гледајући у очи
Келнера у белој блузи
У коме препознах Господа
Кад приђе столу
У свом небеском кафеу

Чекајући да чује
Још неку моју жељу
Господ ме охрабри
Да своју наруџбину употпуним
Онда молим вас Господе
Са хлебом бих мед млеко и масло

Овде на столу
И гледајте да облаци
Кад се навуку преко целог неба
Моју кућу мимоиђу
И да над њом остане ведро
И кад још нешто заустих
Чух оштре и прекорне речи
Господа у белој келнерској блузи

– Срам те било саможивче
Неумерен и у молитви
Ти би да сву светлост и ведрину
Себично приграбиш

Одлазећи ређао је речи као псовке
Не гледајући за њим
И не желећи да га чујем
Ипак сам разабрао

– Мене лажеш и ругаш ми се
Удворички
Чинећи се слабим и смерним
За себе само звезде ловиш
А презиреш истински бедне
И у души
И без имања

И тако он настави
У недоглед да ређа
Покуде и погрде
Опогани ми све молитвене речи

– Господе
Ипак се усудих
И хватајући излетеле лептирове
Његовог уздаха
Господе кад си немоћан
Мене да саслушаш и жеље ми
Испуниш
Како ћеш оне унесрећене утешити
Како ћеш гладне нахранити
А о радостима порода
Недовршених кућа пред невременом
И залуталима у мраку
Да не говоримо

– Господе ти мени претиш
Да би јадније од мене
Одбио и обесхрабрио
Ту си убедљивији
Но у обманама за које си невешт
Да их смишљаш

Замути се ухваћена светлост
У озвезданој месеченој тепсији
Те Рима моја неизбежна и ја
Потонусмо
У бескрај
Наду сличну оронулом
На умору

17. децембар 2012.
Пожаревац

ГОСПОДЕ НЕ ИГРАЈ СЕ

1. Гласине

Чујем
Иза леђа ми шапћеш
Или по нејавним гласницима
Шаљеш поруке
СМС ни ти ни ја
Не разумемо

Кажеш не без злурадости
Дуг ти је живот ко пајван воловски
Траје преко седамдесет надница
Наживео си се сит глади и жеђи
Децу и унучад изродио по горама
Куће саградио небу под облацима
Књиге написао душом по кожи својој
И тако не без пакости
Ређаш оно што мислиш
Твоје су заслуге

А ти Господе у себи ћутиш
Не питаш се у чему теби живот пролази
Кажеш један си свет створио

И то ти није доста
Још би да будеш жив
Је ли у томе она твоја мудрост
Да си се у царство небеско
Испео лествицама одрицања и сиромаштва
Или то важи само за мене
И остале земљом одњихане и –сахрањене

2. Признање

Господе
У љубави и мржњи
У злу и милодарности
У свему
Чиме си ме кажеш даривао
Могу и смем те надвисити

Нисам ни несит ни незахвалан
Само сам несавршен
Ако смем да твоју мисао поновим
Нисам нимало налик теби
Ако се не варам
Јер те превише не обожавам
И не претерујем
У величању тебе
Сâм сам само страхом затрован

Господе
Ипак у једном си био и остао

Непревазићен
Ти си болом
Подједнако коме га задајеш
Па и мени
Свемогућ

Слутим да и сам си
Уплашен и изможден

3. Рођенданска балада

Господе
Посумњао си у моје срце
И наложио казну
Без алтернативе
И апелације

Послао си је лично
Или је то теби у инат
Учинио онај кога си ти подмитио
Да те вековима
Безуспешно оспорава

Ти несмирен а беспослен
Сад ми шаљеш вртоглавице и ошамућености
Тегобе у грудима
Севање муња око главе
И нејасан сан пред зору

Стани мало Господе
Не претеруј толиким претњама
Сети се сина

Ако си ти уопште отац у оној
Вантелесној оплодњи
У богочовека си га произвео
Без сумње и грижe савести

А црну даму
И сам могу удомити

4. Уместо молитве

Господе
Цео век ми прође
У узалудним надањима
Да се твоје речи обистине

Обећао си ми спокојан живот
Здравље у телу
Мир у души
Безбрижан пород

Сам видиш сада
Ако хоћеш да гледаш
Докле сам доспео
На шта сам спао

Давно си ми наговестио
Мајчину љубав и очеву потпору
Братовљев загрљај
Што ме неће мимоићи
Ни на овом
Ни на оном свету

Господе
Не обећавај ми више ништа
Не сеј лажи
Око моје болне главе
Ја ти ионако
Не могу да верујем

28. 7. 2011.
Београд

5. Господе, не играј се!

Проћи ће и ово невреме
Којим паству своју
Утерујеш у чопоре
Послушних и преплашених

Истребиће се сиромашни духом
Испостиће се нада
У јалово царство небеско

А ти сам
Све си ми даљи и блеђи
Упркос труду да те у себи сачувам

Присећам се
Измислио сам те по обличју своме
И тобом испунио своје наде
Сумње и стрепње сам одагнао

Док смо живели у слози
Ниси ми пркосио
Ниси се силио над мојим клонућима
Био си спокојан окружен
Као сваки владар апостолима

Све се пореметило
Када си посегнуо за мојим телом
Душом и свим чарима мога живота

Господе, не играј се
Јер згасну ли моји дамари
У ништавило ћеш и сам потонути

11. јуни 2012.
Пожаревац

КАЗНА

А ако си слаб
Према заблуделим синовима
И попустљив према моћнима
Вољан да прашташ стаду
Ти пастир над пастирима
Ипак појми штету
Што чине теби
Док скрнаве природу
Једину хранитељку

Знам
Немоћан си да их казниш
Због доброте
Или сопствене заблуде

Не брини
Сами ће себе казнити
И у ништавило урушити се
У коме и јесу били

А ти
Алат спремај

Душу очисти
Па крој будући свет
Који те неће изневерити

24. март 2013.

ЗАВЕШТАЊE

И после свега
Није тешко умрети

Теже је
И болније
Живети
А умирати

19. фебруар 2013.

НАУМИХ

Наумих к теби Господе
Поколебан
Застах на пола пута

Вратио би ме
Са твога прага небеског
Овако прековог и заједљивог

А нисам хтео
Ни на причешће
Још мање на исповест
О покајању
И да не говорим

Понадах се
Да ћеш чути мој глас
Још и ојађен
И непогодама израњављен

Кад си већ стварао свет
Зашто си оволико зла
Пакости и мржње

Међу твоја
Божја створења засејао

Ако си моћан
Искорени те напасти
Или памет у главу
Па стварај свет поново
Опет ти то кажем

Све ти ово говорим издалека
А ти ћеш то чути
Или по вапају који се земљом
Разлеже
Наслутити

23. март 2013.
Пожаревац

У СНУ СИН

У сан
Улазиш ми
Сине

Доносиш
Товаре детињства
Плавичаста поља
Младости

Остајеш
На конаку
И вечери

Водимо
Недовршене разговоре
Са понеком
Сузом у оку
Уместо пића

3.септембар 2011.
Јутро
Мало Црниће

ПЕСНИЦИ, ПРАШТАМ ВАМ

„Песник сличи цару олуја и бура
што се стрелцу смеје са облачног свода;
на тле прогнан, где га свет с поругом гура,
од џиновских крила не може да хода."

Шарл Бодлер:
Албатрос

ОПРОШТАЈ

Опроштај вечерас тражим
Од биља и гôра
Које наумих да походим
У таласавим налетима
Којима подложан се предавах
У трагању за оним
Који се узалуд предаде
Сну о љубави страсти и узлетању

Чујем рику мртвих вулкана
Видех танане птице кад полетеше
Слепе просјаке по пољима
Узвитлани
И зашли у рану таму пропеваше
А он искру креше
И пожар из пласта сна
Низ падину душе ватру и срму
Просу хладноћу бескраја да згреје
Жеђ да утиша тугом и опоменом

Јесен је около текла већ топла
Плима чула питомим чини

Људе пределе и ветрове
Биљке налива зрелом сетом вењења
Ено на јарболу стишког мора
Усидрена лађа и веслачица
Још загрљена и обла
Молитву јеца
И помаља се врела месечева пена

2007 – 2013.

У ЗАЛИВУ

Ни дан ни ноћ са провалијом
У коју тонем се
Не могу поредити нити је оспорити
Док теку замандаљени речју без одјека
Док се у њима слути затамњена слика
На којој се назиру живи у инат потонули
Међусобно неизједначени
А ипак довољно сродни да плене
И саму помисао на залив

Залив припитомљених ветрова
Оазу коју жуди често клонула душа
Ваздух још топао од издисаја твојих плућа
Млечни млаз из зелене ливаде ка сунцу шикнуо
Ону таму што се из твоје косе разлива
Ону кућу у којој ноћиваш са сновима
Онај сан преображен у немилу јаву бекства
Ону самоћу са цветом крина док мирисом вене
Врата закључана памћењем и клетвом
Прозор застрт сумаглицом и ликом
Огњиште златне ватре док плете ђердан на врату
Врат извијен и топао од ђердана на њему

Драго камење расуто по космосу да не рањава
Космос којим бродиш провалију да премостиш
У коју тонем предан сласти неускраћене љубави

Љубав стопљена у непрекидну јадиковку
Тина Ујевића па скрити тугу и јад
Како је тешко бити... „бити стар а бити млад"

16. септембар 2013.
Мало Црниће

ПЕСНИЦИ

Песници
Засужњеним стиховима
Пишу сопствену биографију
Крунисану слободом
Подижу славолуке
Залазећи анђелима под крила
Жељни да испод њих закораче
У пределе овенчане вечношћу
Стубовима и капијама победе
Успињу се на престоле
Царских моћи
Чулних наслада
Опојне узнесености
Над светом
Сами поистовећени
Господе са тобом

Испод сваког споменика
Подмећу своја имена
Извежена златом
Њихових рукописа

Међутим
Црв
Исте или сличне сумње
Као зрелу јабуку
Гризе њихову душу

25. октобар 2012.
Пожаревац

ПИЈЕМ ЧАЈ СА ВАСКОМ ПОПОМ

Облачим се топлим песмама
Уместо кошуљама
Боје плавог мастила

Читам скоро муцам своје стихове
Уз гутљаје врелог липовог чаја
У пожаревачком хотелу „Авала"
Неког раног пролећа

Осећам сетну топлину
Гласа Васка Попе
Која ме облива
Замућене димом цигарете
Међу уснама неугашене

Темељи „Авале" беху уздрмани
Ударима пијука у рукама глумца
И минулом младошћу

А Васко Попа обавијен
Маглама Каленића и ликом Белог Анђела
Са Хашом одлази у шетњу

Заравнима Вршачком брега
Иако се она жали на грудобољу
И прохладно вече

28. 7. 2011.
Пожаревац – Београд

НОЋ СА ОСКАРОМ ДАВИЧОМ
УЗ КАЉЕВУ ПЕЋ

Горе храстове цепанице
У каљевој пећи
Сред сале
У пожаревачком хотелу „Авала"
Као што се листају
Гимназијске успомене

Незнано као сном намамљен
Бануо је Оскар Давичо
И окупио нас песнике
Као јато тек излежених пилића

Слушамо његов глас
Врскав опор и напукао
Сличан зрелом плоду нара
Разлеже се и у нас се круни
Жубор плахог горског потока
Запамћеног на Брезовици
Међу нарцисима и жедним птицама
Док зарањају сребрнасте кљунове

Дуго после поноћи
Уз топлоту каљеве пећи

Коју је прогутала јесења зора
Пожаревачким сокацима и зеленом пијацом
Лутам у трагању за Ханом Римом
И сам поистовећен са Вуком Рсавцем

Сада још осећам дим
Оскарове непопушене цигарете
Са мирисом јужног воћа
И видим
Његове његове ситне и немирне очи

29. 7. 2011.
Београд

ЧЕДА МИРКОВИЋ У МРАКУ

Таман је Чеда Мирковић
Отворио врата
Моје родне куће и пред
Ратимирком и Зорком
А у присуству невидљивих слушалаца
Развејавао њену меланхолију
Настао је мрак
Нестало је струје

Да ли су пукли далеководи
Застале електричне централе
Или се занете светиљке
Загрцнуле
Тек Чеду нису заустављале
У трагању за кореновима
Мојих предака

О како сам био
Начет изненадним болом
Кад његов ковчег није хтео
Да легне у бетонску гробницу
Да ли због неспретности гробара

Или Чедине упорности
Да пркоси
Као онда у Старом здању
У сали принчева
Како није застајао
Осветљавајући моју родну кућу
У мраку

СА ЈАРОМ НА ДИВЧИБАРАМА

Јесењи пропланак на Дивчибарама
Освајам уз причу
Из живота Јаре Рибникар
И сина Дарка као сведока
Док сунце упорно
Не залази
Творећи трансцедентални запис
Светлости и сенки

После у ТВ Сат у Пожаревцу
Она сада сведочи
Да је Даворјанка Зденка
Била највећа љубав Јосипа Броза
И колико је патила
Нису је ни сузе мимоишле
Када је слушала свађу њих двоје

Учини ми се да се
Трансцедентална медитација
Склапа око трепета светлости
На Дивчибарама
Са мемлом Дрварске пећине
И Даворјанкине туге

Давних деведесетих година

ШТИТ

Брани Петровићу, памтећи сусрет и поздрав
У Кнез Михаиловој улици, прошле јесени

Ја имам само мисли и речи
Саздане у молитву или бич
Однегован да их болом лечи
Рану давну или дубоки пришт

Ја имам само речи и мисли
Од којих ми глава светли
Штит су под којим смо кисли
И водич да би смо зверима утекли

Дано ми је да говором трајем
Вез под кожом да везем танан
И да се подлом не предајем

Њима нек је урлик врео и таман
Мени уздах нежан и љубљене зов
Зло да замре стргне претећи покров

20. јануар 2001.
Пожаревац

СА БОЖИДАРОМ ШУЈИЦОМ
У ЛУТАЊУ ПАРИЗОМ

Погледај
„Певај горко срце..." каже плаховит песник
Погледај ено залази сунце
Са ниског неба Париза
И као очајни љубавник
Разбуктава за собом
Узаврели пожар светлосних страсти
Погледај светлопадни зид
Што кроти налет мрака
И светлосни покров
Разапет и разнет
Између музиком опточене Avenue de l' Opera
И небесима узнетог Place de la Concorde

Погледај ону шумну комету
Узлетелу као голуб над Сеном
Како се распрскава
И луковима засвођава
Успламтело око луталица
Заспалих на мртвој трави Champs Elysée
Пред капијом Arc de Triomphe
Која обесмишљава све друге поразе и победе

Погледај каже песник плаховите српске нарави
„Певај горко срце..."
И осетићеш мирис и ветар
Сам дах Атлантика
Можда оног утеклог од Сен – Џон Перса
Видећеш песнике и њихове одаје од снова
Налик на светлосне хале
На месту бивше трпезе воћа и биља
Видећеш Лорку и Пола Елијара
Надреалног Бретона
Вијона на тргу на коме је могао бити обешен
Кућу Бодлера са расутим цвећем по њој
Уместо проклетог зла
И као стогодишње стабло
Моћног Луја Арагона
А даље ено док му лепотице лутају Паризом
Остављен и грудоболан
Амедео Модиљани на клупи у <u>Jardin de Luxembourg</u>
Љуби очајем опхрвану руску песникињу

Погледај будућа луталицо
Можда ћеш видети овог песника
Који окреће стране света
И Сену подешава према своме пулсу и крвотоку
Помера запад ка истоку

А онда нагло
Крај зидина <u>Louvre</u>
Пред облаком од Атлантског океана
Песник кишобран раскрили
Те нас јунски пљусак кишне музике
И топлог мрака мимоиђе

„Враћам се најзад у бели сан и црни сјај..."
Одахну Одисеј пред Итаком у даљини
А невреме и над Паризом заблиста
У лутању занет
Пева песник Божидар Шујица

21-22. јун 1997.
Париз

...

На путањи
Којом ни звери
Не пролазе
Пред колибом
Са заточеним
Духовима детињства
Спуштено мајчино плетиво
Са иглама у петљама-
Недовршен џемпер
Од беле сирове вуне
Опране у Орловачи
Око Ђурђевдана

На моје чело
Варљиви ветар
Наноси
Посвету туге

Путања обраста
Копривом и бурјаном
Бујним коровом
Засејаним

Семеном
Заборава

А она звезда
У дечијем оку
Непрекидно трепери

14. септембар 2012.
Пожаревац

ДАВНОГ ЛЕТА: СЕНТ АНДРЕА

Посивела стада пустоши
Пасу траву
Тишине и векова
Надошлих на брегове
И у винограде

Само звона
Преду руно снова
Око крста
Светог Лазара

За посусталим
Сребром месечине
Српски чамци коњаници и пешадија
Пловише узводно Дунавом

После потонуше
Са незашлим сунцем
Између очију
Залуташе у магли у невремену

Ослушкујући звоњаву звона
једног давног лета и гледајући
куће на бреговима Сент- Андреје.
Српске куће, наравно на десној
обали Дунава. Без Срба.

децембар 2011.
у Пожаревцу

ПЕСНИЦИ, ПРАШТАМ ВАМ

Узалуд сте очекивали
Клетве и упућена проклетства
Узалуд сте се надали
Да ћу вас божјим даром
Даривати
Време ми је сумњама
Наклоњено

Знам да сте све радили
Писали певали
И јаукали
Јер нисте веровали
Да ће вам бити опроштено
Због синџира незнања
На голим рукама

И сам истом ватром
Омуњен
Не искупљујем се
Стајем у незаштићену
Колону

Која походи тамно и тавно
Немушто и чарно
Сав затрављен
Клицама незаборавним
И на врелом језику
Однегованим

Праштам вам песници
Све узалудне радости
Али па ко сам ја
Да вам праштам

А и шта ће вам
Мој опроштај

28. јануар 2014.

УМЕСТО ЕПИЛОГА

БАЈЛОНИЈЕВ МЛИН НА МЛАВИ

Предања се вековима слажу
Таласи Млаве камење и стене млаве
Ваљају злато зрневље
Дахом Хомоља
Стишке бразде и туге облажу
Свети Ђорђе ратник на пропетом коњу
Сребрним мачем
Троглаву и крвожедну аждају
Ознојем гања по стишком пољу
Спаја девојачке загрљаје
И момачке јаде
Отетете из канџи аждаје
Занете страшћу животиње младе

Зашао у долину
Испод пупка Стига
Игњат Бајлони са синовима
Парни млин сања а потом гради
Мета и гнездо да је голубовима
Бела ружа ветровима
Путоказ путницима намерницима
Заљубљеним и пијанцима
Израсте млин понос Србије на Балкану
Кад жито поче да меље

И по ноћи и по дану
А житно брашно све беље
У дворску пекару
Се шаље
Младе пекарке погаче и кифле месе
Износе на трпезу пред самог краља

Бели и сиви силоси
Временом потамнели
Од ветра и стида
Сад су надгробни споменици
Над мртвим ваљцима
Замрлој буци парних локомобила
Пресахлој Млави испод турбина
Давно одлетелим голубовима

Стражаре на њима пропете
Антене телевизије и мобилних
Примају и одашиљу
Поруке живота смрти и љубави
Спајају звезде континенте и планете
Тамне забити и светле велеграде
Ћуте само о тишини
Испод воденичног витла
Рђи буђи и трулежи
Док се навлаче трују и нагризају
Сва блага људске душе и рада
Што испод мртвих зидова лежи

И док аждаја на умору крвари
Свети Ђорђе небесима тежи

3. децембар 2013.
Пожаревац

КОШАВА

Ја охола
Господарица Карпата
Дунава Баната
И Стига
Владам горским урвинама
Пешчаним спрудовима
Речним брзацима и матицама
Срцем земне планете
Твојим и небне васионе

Јесам староседелац
Мрачног Балкана
Постојбине крви и меда
Огњишта вампира
Долећем
Пре оних оживелих
Из муља воде и дивљина
Пре риболиких лепенаца
Хуна Авара Келта
Пре Угра и Словена
Пре господствених Римљана
Пре свега зачетог у бесу и љубави

Јесам дух месо и крв
Овог поднебља
Који ме мами изазива опчињава

Нису ме укротили
Ни војске владари
Видовњаци
Ни сељаци
Кукњавом и лелеком
За уништеним усевима
Још мање ме не уставише
Бодежи сечива стреле
Сво ватрено оружје
Вијала сам челенке и круне
Вилинске лепотице
Сулуде отимаче
Своје несреће
Туђе среће

Уливала сам се у рибарске мреже
Аловите терете ђердапских ноћи
И кријумчарила грехе Европе
Обијала тамне сефове вирова
Никад не сустала
У неутешној
Безглавој
Сумануој љубави
Са Словенима
Милим чедима мојих јутарњих зора
Топлином их неговала
У вунено рунским загрљајима

Јесам крвоток
И непрочитана књига тајни
Које потекоше водом и сном
Испод црног Шварцвалда
Из немачких замкова
Бечких будоара
Будимских и Пештанских дворaцa
Са помешаном крви
Изуједаних народа
Све тегобе и узлете историје
У виловите моје груди
Ја сакрих

Исписивала си романе
Отимала изјецане и наслућене
Стихове на белини хартије
Или помодрелој кожи песника
И сва незагрцнута
Носила
У дубине својих недара
Потапала медом и крвљу
У предање скривала

На твом седлу
Узнет
Признајем
Да господариш
Видљивим и невидљивим светом

Дарујући их позлатама
Горког укуса
И бљештећег мрака

Разорених казамата
Обезглављених тирана
Јеси господарица
Неограничене моћи
Јеси катанац и тамница
Прошлости
Јеси
Капија непредвидљивости и будућности
Сама будни стражар
И кључар живота
На сопственим скутовима
И обалама смрти

3. фебруар 2014.
Пожаревац

ПРЕД НАЛЕТИМА КОНТРОВЕРЗНИХ ЗНАЧЕЊА

Запис о стиховима Милисава Миленковића у књизи
Одисеј се није вратио

Читајући стихове у књизи Одисеј се није вратио Милисава Миленковића, одвећ осведоченог песмотвора са изграђеним интелектуалним ставом према постојећем свету и животу, можемо уочити извесну дозу скептицизма према свему раније идеализованом у веровању да долази боље време и да животодајни предели нису опустошени нарастајућом дехуманизацијом.

Истина, и у ранијим песничким остварењима овог аутора налазимо фрагменте немирења са садржајима усмереним на поништење старих идеала и свега оног што човечијој мисли не дозвољава да се уздигне и ослободи потрошених традиционалних вредности. Овог пута, поезија проналази у спеву о Одисејевом лутању и казни богова, после трагичног разарања Троје, предложак за преиспитивање пређеног досадашњег пута, болних искустава, илузиорних заноса и душевних позледа, успона и падова, у потрази за истином потпунијом и смисленијом, у односу на све до сада речено, у уверењу да је неподложно промени и проговору из тежње да свет и ствари око себе сагледа искоса без обзира што тај поглед задире у забрањено одредиште онога верујућег и онога захваћеног корозијом превасходно на плану етике – у очекивању нечег лепшег и садржајнијег.

Утолико, повест о Одисејевом повратку у Итаку, у своје благодато краљевство, постаје утопија: односно стиче преобликовано исходиште, следствено непредвидљивом песничком језику, који не пристаје на стереотипе и знану метафоричност. Мотив из античког мита или историјског утемељења – свеједно, задобија вишу смисленост преобликовањем и принављањем савремености, која на трагу имагинарног извориша стиже до конкретног саговорника, у овом случају: до себе самог, успостављањем комуникације између онога што је песников субјективитет и онога што је наслућено у Читаоцу на очекиваном хоризонту. Све друго припада речима неизговореним, али зачетим у непрозирним алегоријама и асоцијативним честарима. Заправо, поезију застире запитаност: куда је Одисеј запловио изван митских оквира, у дубину или висину, за срећом које нигде нема или је поверена илузиорним душевним скривницама, ту негде на дохват руке заклоњена праменом магле? Песник нам казује: „Узалуд поглед уназад лута / Виде се рушевине назиру преврати / Памћења су нам расута / Слична мозаику обмана и хтења / Скелетима јунака и идеала / Беху и јесу истинита / Само шкргут маса и млада врења / И само до часа отелотворења / А потом потонула и скрита / Као мртво срце мале птице / запевале у зору / Следећ звезде невиделице".

Могло би се рећи да је Итака Милисава Миленковића померена иза несазнајности и да је донекле само доступна мисаоном вртлогу, а самим тим је своју доминантност у лирском значењу удаљила ка метафорама које, поред своје поетске отворености, нуде извесно расипање облика и функционалније пристајање на иронију и сарказам – на слике изврнуте стварности. У песми на почетку књиге та иронија се слива у програмске изричитости, у неку врсту одмеравања онога о чему се сањало и онога што је замицало у неостварење, тамо где „будуће сунце" нити излази, нити залази – једноставно; на тим местима мешају се трагичне датости и самосвест да је много тога изгубљеног могло бити сачувано пред налетима контроверзних значења. Отуда, сумња омогућује језику да се ослободи идеализације и оптимизма без покрића: „Сад сумњамо и у смисао учења / Науку о животу нисмо ни срицали / Више смо веровали / Него што смо знали / Седокосе учитеље / Гледамо немо / Немамо снаге за презрење / Више им праштамо / За њихове и наше заблуде / Превремене".

Такође, у овој новијој поезији, Милисав Миленковић настоји да више сугерише порекло спознаје и критичког односа према минулој појавности, у којој препознаје и трагове својих самообмана, него да естетизује „чујно поље и видик заробљен очајем" у стиховима, који су истовремено исказ о угроженостиововременог света и човека и крик опомињући на путу где је исувише „Уморан од сулудог лутања и туге". У Одисејевој исповести разоткрива своје недоумице после стављања на душевну вагу свеколике егзистенцијалне датости питањем: „И смем ли да зађем у таму црвоточну / Кад плиме су сишле и стишале наду". Зазивајући Хомера и његов тешко сагледив антички свет у своје стихове, наш песник покушава да успостави дистанцу са сопственим визијама и свакако са скривеним лирским субјектом, који сведочи из даљине поверљиво и несуздржано о свим оптерећењима проистеклим из заблуда и речи изговорених „сред осаме и пучина без ограде".

То именовано Одисејевим удесом и пловидбом без краја, не би имало виши поетски ниво, да песнички језик многе ствари прошлости и садашњости обједино, стављајући их у контекст модерне сензибилности и нове песничке осећајности. Посебно, ако не занемаримо укрштаје класичног стиха и модерне реторике, мелодију повремено сведену на катрене и сонетна уобличења, а понекад на горак самоглас и исповест о трагичном исијавању онтолошких домашаја у себи, у огледалу без лажи...Песник зна, да је пут неизвестан и недоброходан, али не напушта изабрани смер, иако се у замућеним таласима назиру погубне хриди.

Све је у овој поезији испредено на кошмарној преслици. Стихови су натопљени молском бојом, али и прозраком метафизичким – оним који се отима разуму и тренутно обасјава свој родитељни извор. То је последица једног прочишћеног лирског израза и тоналитета зачетог у засадима непристалим на рађање искушаних поетичких плодова, независно од традиционалног рама, где је песник сабрао много тога значајног за свој творачки идентитет. Утолико може рећи пред сопственим песничким аутопортретом: „Јесам сам Телемах / Син и отац свој". А пре тога нам казује зашто је припао неповрату: „Напуштам заувек таласе / Варљивог мора Јонског / И полазим за стадом / Већ далеко одмаклим ка врху / Брежуљкасте заравни / Где се вечни мрак спрема". И онда, сводећи иронично своју исповест на уздах, више за себе него да га други чују, каже: „Само се надам / Неће ли се обрести крвожедни вукови / А ваздух неће одисати / Смрадом и пепелом / Издајом и лицемерним осмехом сина / Као ни јаловим загрљајем / Давно извикане Пенелопе".

Свакако, неким другим поводом, ово читање може бити потпуније и аналитичније. Намеће се утисак да су неколике песме, посебно посветнице и загледнице у лица пријатеља, који су оставили неизбрисиве трагове у сазревању и самоспознајама овог песника, могле бити засебна песничка творевина. Или је на овај начин Милисав Миленковић још једном хтео заједно са њима да закорачи на захвално евокативно поље... Уосталом, знамо да поезија у самосвојном дотицању никада није сасвим објашњива. Песнички језик речи освајају ненадно у ирационалним разлозима и поводима и када су записане, и када су прошапутане, и када су остале запретене у неизречју.

У сваком случају, Милисав Миленковић је остварио изузетно песничко дело, које захтева различита читања и сложенија тумачења. У то ће се уверити читаоци, спремни на вишезначни дијалог, трагом многих песникових питања без одговора...

Радомир Андрић

У ОБЕЗДОМЉЕНОМ СВЕТУ

О песничком рукопису Милисава Миленковића
Одисеј се није вратио

У новој књизи поезије Одисеј се није вратио Милисава Миленковића, песника, драмског и прозног ствараоца, књижевног критичара и културног посленика, главне поетичке референце представљају мудрост и дугогодишње искуство, дубоко промишљање живота и света, нашег и давно минулог времена у широком распону: од митских даљина до националног и личног, укључујући ту и свој завичајни, стишки простор, његову стварну и духовну физиономију и топографију.

Књигу обгрљују по две пролошке и епилошке песме. Уводне су са наглашеним националним набојем и ознакама али, пре свега са критичком свешћу о заблудама и обманама, илузијама, сумњама и срушеним идеалима. Са градацијом пораза који су истовремено и порази усамљеног песничког субјекта. У епилошкој песми „Бајлонијев млин на Млави" апостроф је на урушавању и пролазности свега, о запуштености некада моћног млина који је био метафора живота, живог даха Хомоља и Стига, плодних поља и њива, сетве и хлебозарне жетве. У другој пева о феномену кошаве, „господарице Карпата", „господари видљивим и невидљивим светом", која је надживела времена и моћне цивилизације, које су своје трагове оставиле.

Већ у самом наслову књиге аутор прави прекомпозицију и инверзију мита о чувеном античком јунаку Одисеју, његовим пустоловинама при повратку на Итаку. Руши и разграђује древни мит о смислу повратка Одисеја у своје краљевство и своме дому, па и својој љуби и породици. Укрштен је лик оновременог и савременог Одисеја, у обездомљеном свету. У отуђеном свету недостају му жеља и воља за повратком, за остварењем тог узвишеног циља, у свету који је искочио из зглоба, како би рекао Шекспир. Чак се доводе у питање карактерне особине које је Хомер дао своме јунаку, па и смисао сјаја краљевског двора пред пролазношћу и смрти.

У једном песимистичком погледу на живот и свет, Миленковић пориче Бога и божанско, сумња и у царство небеско. У ововременом цивилизацијском суноврату, у коме свет јури у ништавило, води са Творцем метафизичке дијалоге: опомиње зашто је створио свет који га је изневерио. Из овог поетског слоја прелази у свој душевно окрепљујући стишки миље, „оазу коју жуди често клонула душа". Где води оностране, трансцендентне медитације и дијалоге са мртвим писцима, В. Попом, Ч. Мирковићем, О. Давичом, Ј. Рибникар и Б. Петровић, а води читаоца и код Божидара Шујице у Париз и на сетно путовање у Сент Андреју.

Милисав Миленковић је написао песничку књигу широког тематско-мотивског спектра, асоцијативних, метафоричких, па и метафизичких ознака, али и аутопоетички интонирану.

Мићо Цвијетић

Белешка о песнику

Милисав Миленковић, чији су родитељи Војислав и Злата земљорадници, рођен је 6. марта 1939. године у Малом Црнићу.

Студирао је и дипломирао на Правном факултету у Београду, Академији за позориште, филм, радио и ТВ – одсек драматургија.

Објавио је петнаест књига поезије, две књиге критика и есеја под називом *Истим рукописом,* роман *Болест брестова* и збирку прича *Калемљена трешња Лава Николајевича*. Аутор је осам објављених драмских текстова који су изведени или се изводе на аматерским и професионалним сценама – *Руска љубав* се игра на сцени позоришта „Славија" у Београду под називом *Сабласни Ерос* у режији Владимира Лазића.

Добитник је више награда и признања, међу којима је и Вукова награда.

САДРЖАЈ

УМЕСТО ПРОЛОГА

(Не)закаснела програмска песма / 7
Српска тугованка / 10

ОДИСЕЈ СЕ НИЈЕ ВРАТИО

Исповест Одисеја
I Враћам се лажном сјају жељеног двора / 15
II Запевај Хомеру поезију херојску / 16
III Она је најпогубнија бољка мојих ноћи / 17
IV Мени су се догодиле све клетве и претње / 18
V Космос је створен да може рањене да прими / 19
Пенелопа / 20
Пенелопин дар
I У сумрак умиру сунца и богови светла / 21
II Протиче век сав у грчу и пени / 22
Одисеј се неће вратити / 23
Телемах / 26
Одисеју порука палог копљоносца / 28
Одисеју порука првог дворјанина / 30
Одисеју порука коморника / 32
Одисеју порука сирена / 34

Одисеј се није вратио / 36
Одисеју порука народа / 38
Одисеј сам са собом – у сну / 40

ГОСПОДЕ НЕ ИГРАЈ СЕ

У небеском кафеу / 45
Господе не играј се
1. Гласине / 48
2. Признање / 50
3. Рођенданска балада / 52
4. Уместо молитве / 54
5. Господе не играј се / 56
Казна / 58
Завештање / 60
Наумих / 61
У сну син / 63

ПЕСНИЦИ ПРАШТАМ ВАМ

Опроштај / 67
У заливу / 69
Песници / 71
Пијем чај са Васком Попом / 73
Ноћ са Оскаром Давичом уз каљеву пећ / 75
Чеда Мирковић у мраку / 77
Са Јаром на Дивчибарама / 79
Штит / 80
Са Божидаром Шујицом у лутању Паризом / 81
На путањи / 84
Давног лета: Сент Андреја / 86
Песници праштам вам / 88

УМЕСТО ЕПИЛОГА

Бајлонијев млин на Млави / 93
Кошава / 95

Радомир Андрић
ПРЕД НАЛЕТИМА КОНТРОВЕРЗНИХ ЗНАЧЕЊА / 101
Мићо Цвијетић
У ОБЕЗДОМЉЕНОМ СВЕТУ / 107

Белешка о песнику / 109

Милисав Миленковић
ОДИСЕЈ СЕ НИЈЕ ВРАТИО

Уредник
Јован Јањић

Графички уредник
Драгана Ристовић

Фотослог
Сања Стојадиновић
Јулија Башић

Издавач
ИП „Просвета" а.д. Београд
у реструктурирању
Београд, Кнеза Михаила 12

За издавача
Драган Миленковић,
в.д. генералног директора

Штампа
Ситограф РМ – Пожаревац

Тираж
400

2014.

ISBN 978-86-07-02056-0

CIP - Каталогизација у публикацији
Народна библиотека Србије, Београд

821.163.41-31

МИЛЕНКОВИЋ, Милисав, 1939-
   Одисеј се није вратио / Милисав
Миленковић. - Београд : Просвета, 2014
(Пожаревац : Ситограф). - 113 стр. ; 20 cm

Тираж 400. - Стр. 101-105: Пред налетима
контраверзних значења / Радомир Андрић. -
Стр. 107-108: У обездомљеном свету / Мићо
Цвијетић. - Белешка о песнику: стр. 109.

ISBN 978-86-07-02056-0

COBISS.SR-ID 207223564

www.ingramcontent.com/pod-product-compliance
Lightning Source LLC
Chambersburg PA
CBHW071713040426
42446CB00011B/2041